Contents

Bonjour! Comment t'appelles-tu?
Je m'appelle Sophie.

Bonjour!
Je m'appelle Paul.

Bonjour	Good day	Bonsoir	Good evening
Au revoir	Good bye	Salut	Hi / Bye
Oui	Yes	Non	No
S'il vous plaît ...	Please	Merci	Thank you

Comment t'appelles-tu?.............. What is your name?
Je m'appelle........................... My name is....
Comment ça va?...................... How are you?
Ça va bien.............................. I'm good
Comme ci comme ça................ I'm okay
Ça va mal............................... I'm not good

Comment ça va?

Ça va bien

Ça va mal

Comme ci comme ça

Comment t'appelles-tu?

(What is your name?)

Je m'appelle ....   My name is ....

1) Présente toi en français.(Introduce yourself in French.)

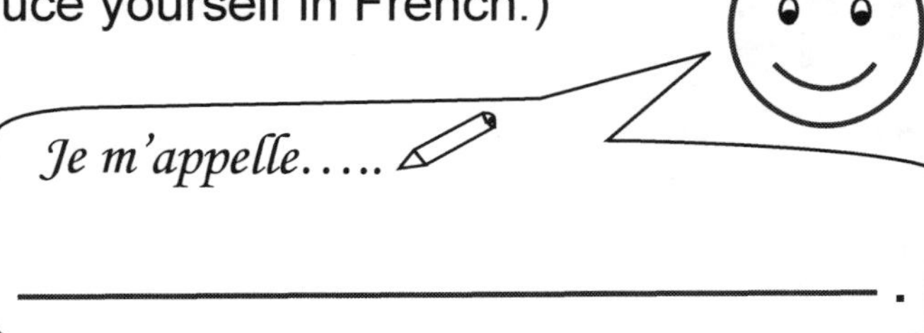

2) Les enfants se présentent. Suivre les lignes et écrire les phrases.
(The children introduce themselves. Follow the lines and write the sentences.)

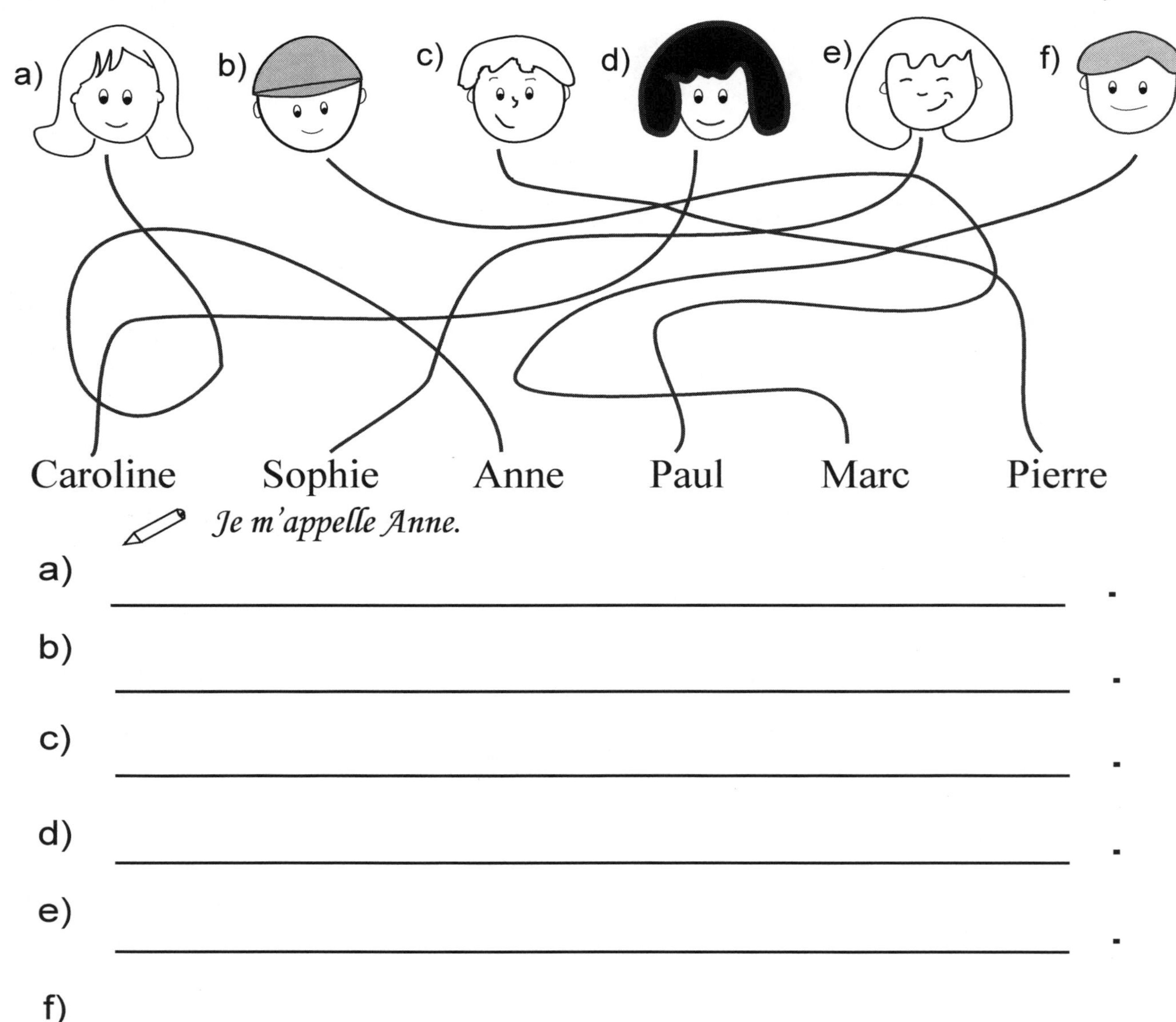

Je m'appelle Anne.

a) ______________________________ .

b) ______________________________ .

c) ______________________________ .

d) ______________________________ .

e) ______________________________ .

f) ______________________________ .

Comment ça va? (How are you?)

Ça va bien
(I'm good)

Comme ci comme ça
(I'm okay)

Ça va mal
(I'm not good)

Regarder les enfants et écrire la bonne phrase.
(Look at the children and write the correct sentence.)

a)

b)

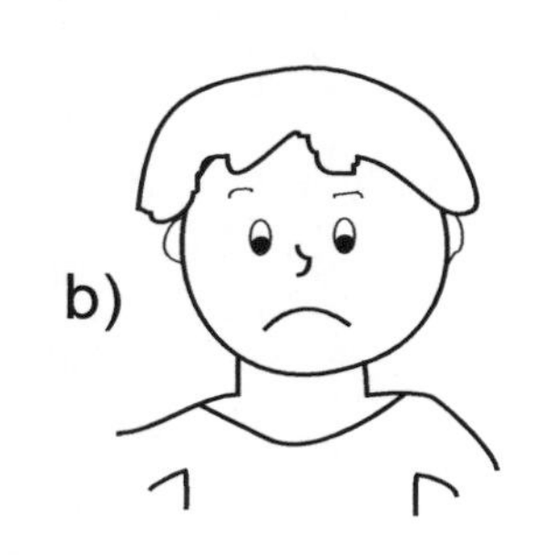

c)

d)

e)

f)

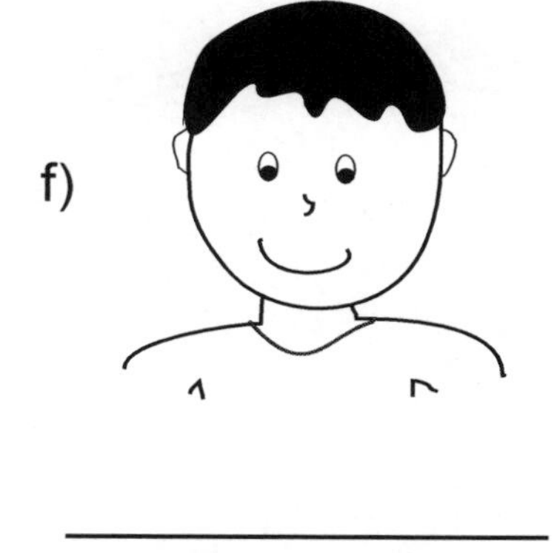

g)

h)

Bonjour! (Good day)

Relier la phrase anglaise et la phrase française.

(Match the English phrase and the French phrase.)

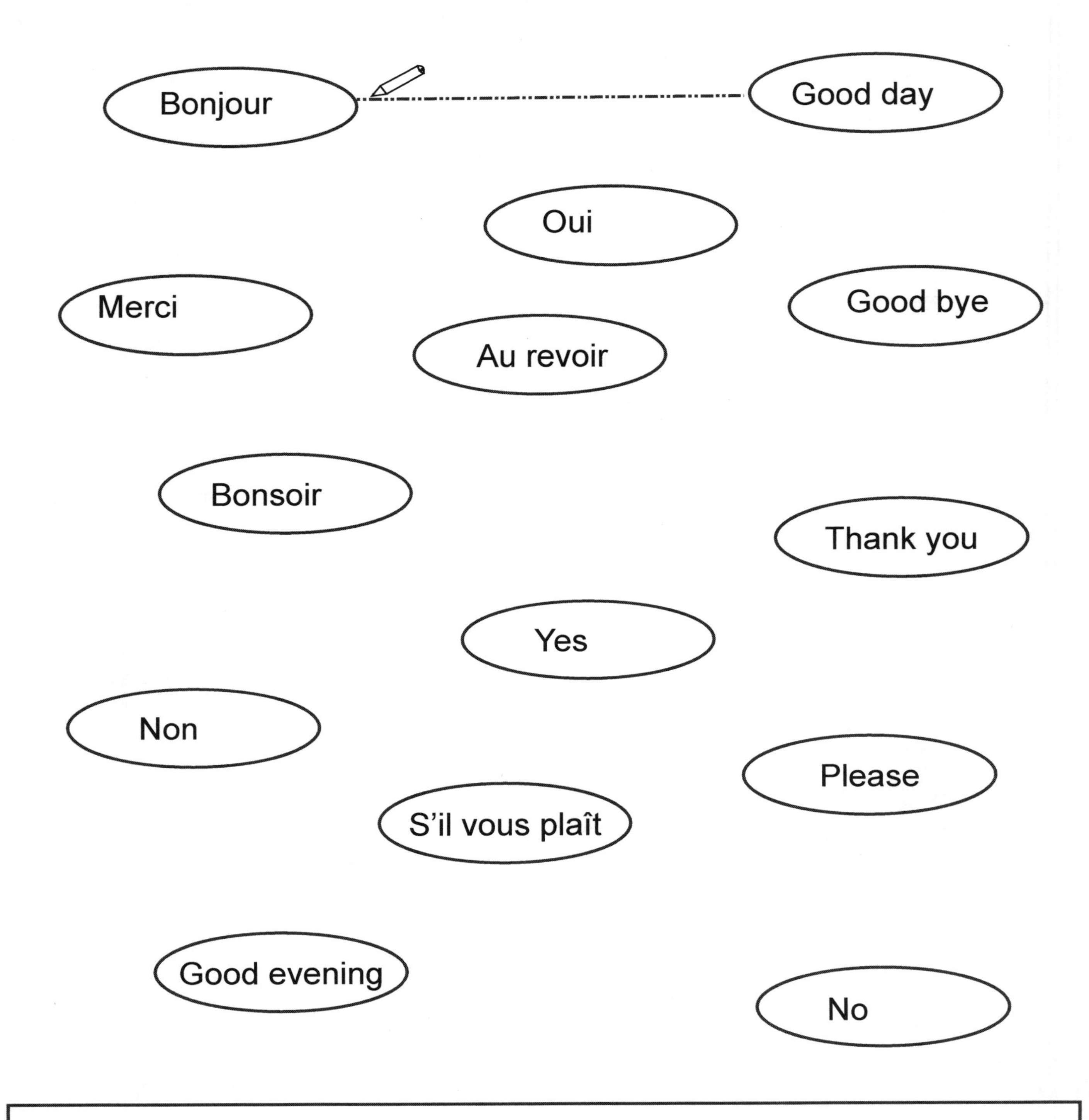

Bonjour = Good day	Bonsoir = Good evening	Au revoir = Good bye
Oui = Yes	Non = No	S'il vous plaît = Please	Merci = Thank you

Mots Cachés (Word search)

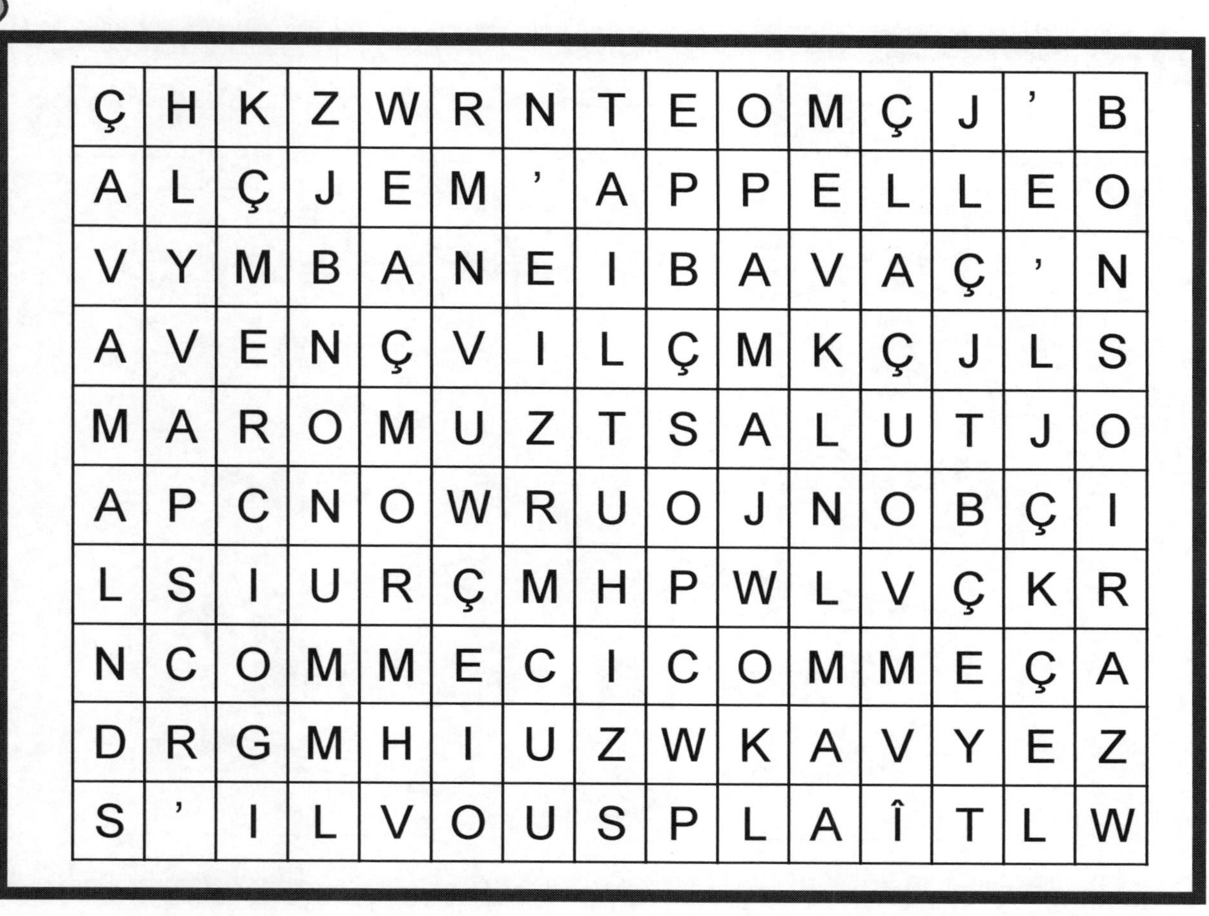

Ç	H	K	Z	W	R	N	T	E	O	M	Ç	J	’	B
A	L	Ç	J	E	M	’	A	P	P	E	L	L	E	O
V	Y	M	B	A	N	E	I	B	A	V	A	Ç	’	N
A	V	E	N	Ç	V	I	L	Ç	M	K	Ç	J	L	S
M	A	R	O	M	U	Z	T	S	A	L	U	T	J	O
A	P	C	N	O	W	R	U	O	J	N	O	B	Ç	I
L	S	I	U	R	Ç	M	H	P	W	L	V	Ç	K	R
N	C	O	M	M	E	C	I	C	O	M	M	E	Ç	A
D	R	G	M	H	I	U	Z	W	K	A	V	Y	E	Z
S	’	I	L	V	O	U	S	P	L	A	Î	T	L	W

Trouver ces mots: (Find these words:)

BONJOUR
BONSOIR
SALUT
OUI
NON
MERCI

JE M’APPELLE
ÇA VA BIEN
ÇA VA MAL
COMME CI COMME ÇA
S’IL VOUS PLAÎT

1
un

2
deux

3
trois

4
quatre

5
cinq

Les numéros

6
six

7
sept

8
huit

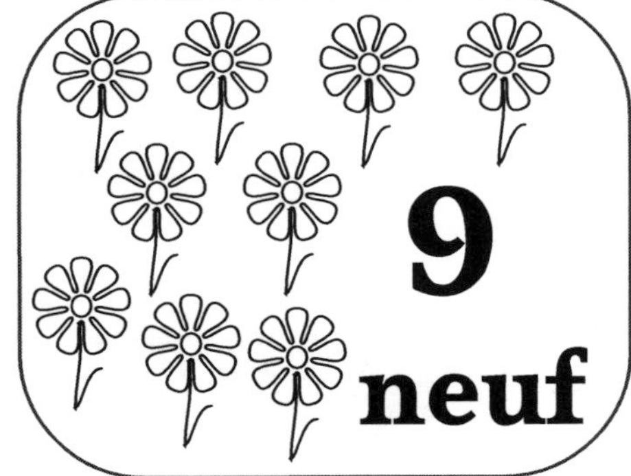
9
neuf

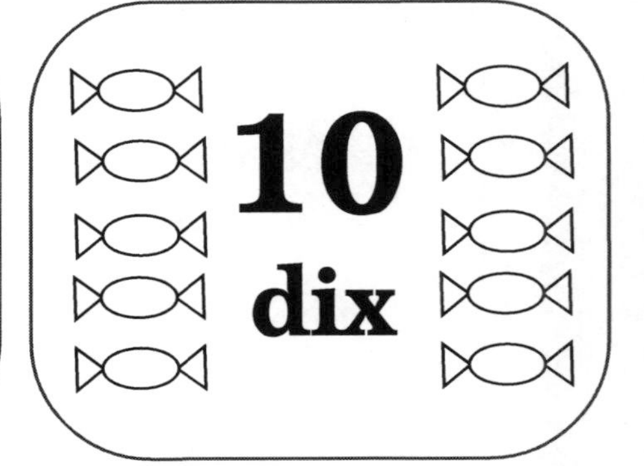
10
dix

Les numéros 1- 5 (numbers 1 - 5)

1) Relier les numéros aux mots. (Match the numbers to the words.)

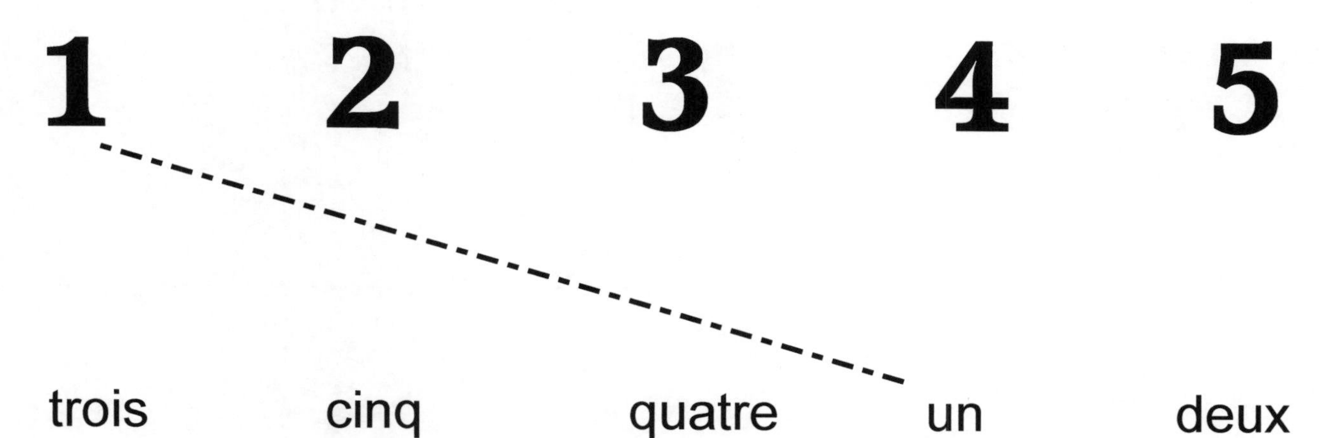

1 2 3 4 5

trois cinq quatre un deux

2) Copier les mots et colorier les dessins.
(Copy the words and colour the pictures.)

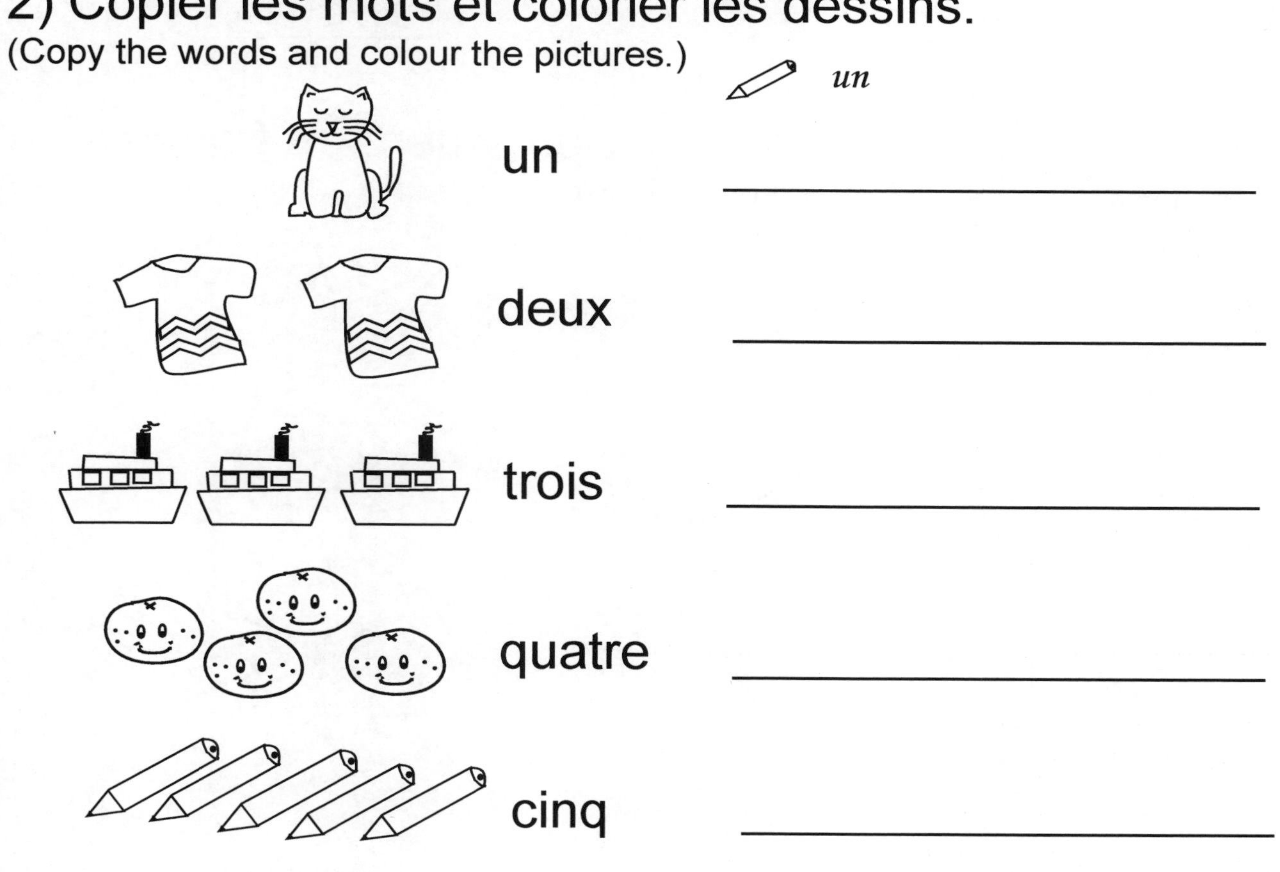

un

un ______________________

deux ______________________

trois ______________________

quatre ______________________

cinq ______________________

1	2	3	4	5
un	deux	trois	quatre	cinq

Les numéros 6 - 10 (numbers 6-10)

1) C'est quel numéro? Écrire le mot en français.

(What number is it? Write the word in French.)

a) **6**

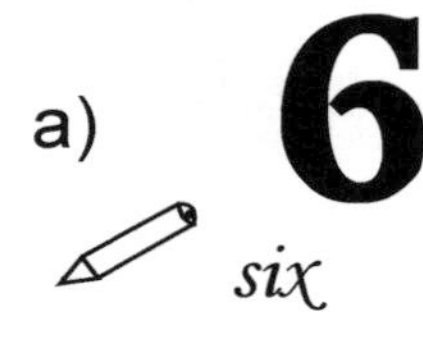

six

____

b) **10**

____

c) **7**

____

d) **8**

____

e) **9**

____

2) Réarranger les lettres et écrire le numéro en français.

(Rearrange the letters and write the number in French.)

a)

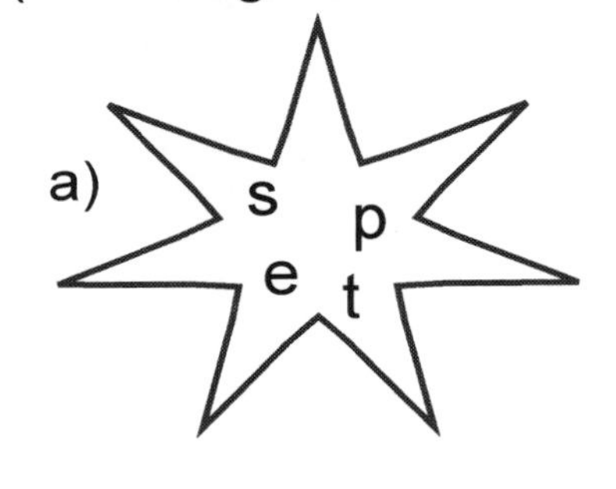

____

b) f e u n

____

c)

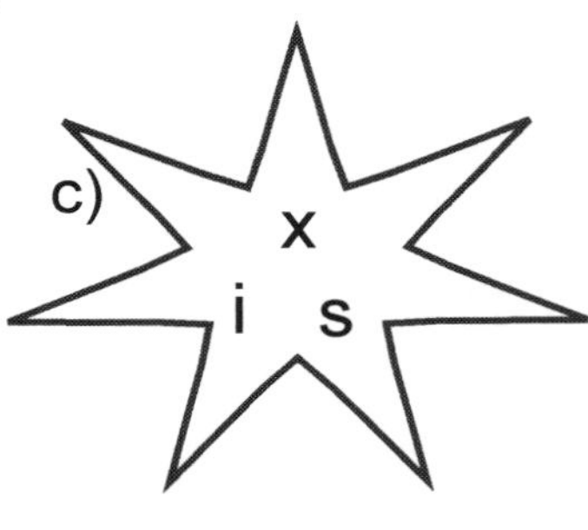

____

d)

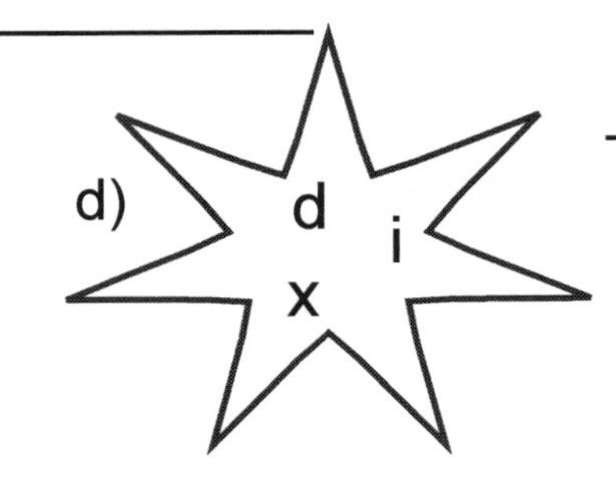

____

e)

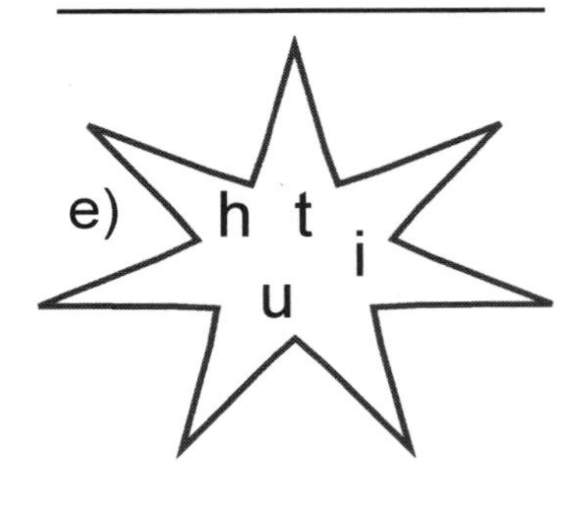

____

6 = six	7 = sept	8 = huit	9 = neuf	10 = dix

Combien de points y a-t-il sur chaque poisson?

(How many dots are there on each fish?)

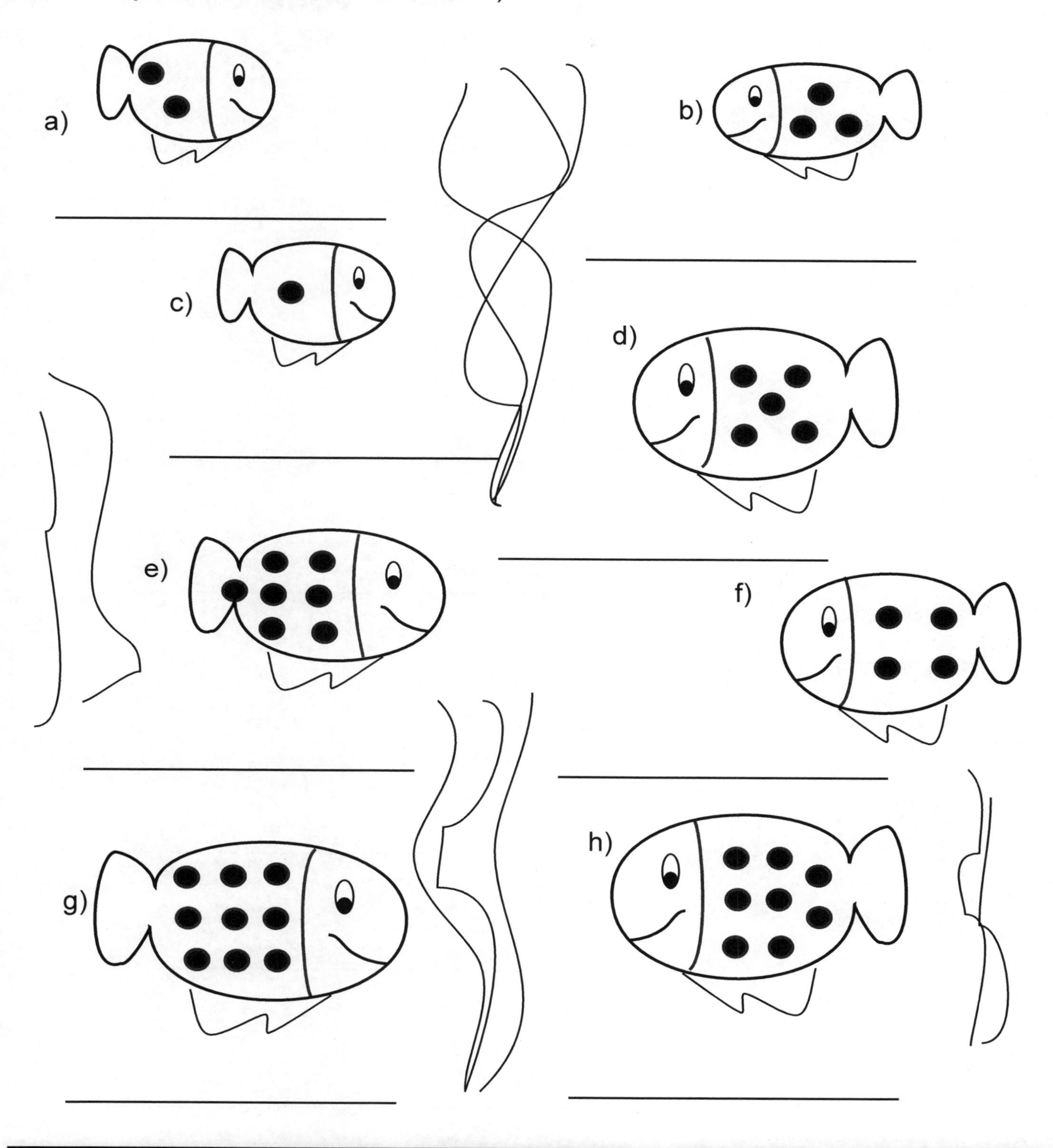

1	2	3	4	5	6	7	8	9	10
un	deux	trois	quatre	cinq	six	sept	huit	neuf	dix

Deux, s'il vous plaît (Two, please)

Demander la quantité exacte et dire **s'il vous plaît**.
(Ask for the right quantity and say **please in French.**)

Deux, s'il vous plaît. (Two, please.)

a) *Cinq, s'il vous plaît.*

________________________________.

b) ________________________________.

c) ________________________________.

d) ________________________________.

e) ________________________________.

f) ________________________________.

g) ________________________________.

1	2	3	4	5	6	7	8	9	10
un	deux	trois	quatre	cinq	six	sept	huit	neuf	dix

Quel âge as-tu? (How old are you?)

J'ai huit ans. = I am 8 years old.

Suivre les lignes. Quel âge ont les enfants?
(Follow the lines. How old are the children?)

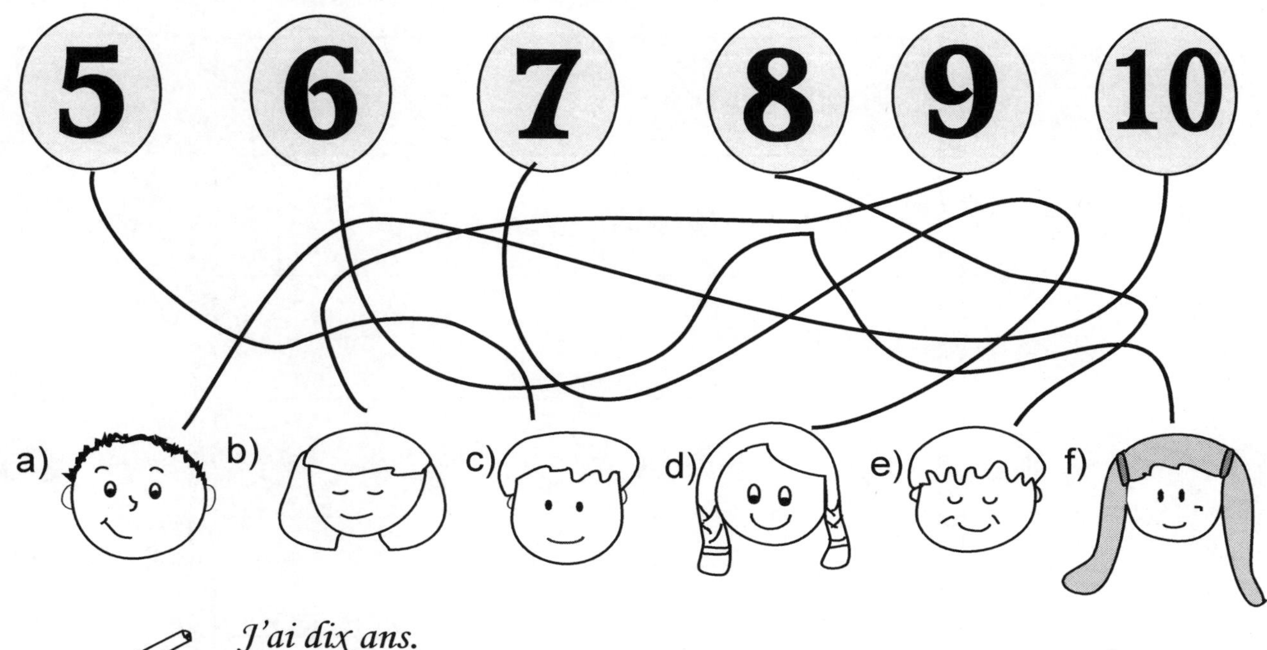

J'ai dix ans.

a) ______________________________ .

b) ______________________________ .

c) ______________________________ .

d) ______________________________ .

e) ______________________________ .

f) ______________________________ .

5 = cinq 6 = six 7 = sept 8 = huit 9 = neuf 10 = dix

Les maths (maths)

Faire les calculs.
(Do the calculations.)

a) deux + trois = *cinq*

b) un + un =

c) deux + quatre =

d) cinq + trois =

e) trois + sept =

f) deux + deux =

g) cinq + quatre =

h) dix - trois =

i) huit - deux =

j) neuf - huit =

1	2	3	4	5	6	7	8	9	10
un	deux	trois	quatre	cinq	six	sept	huit	neuf	dix

Les numéros 1 - 10 (numbers 1-10)

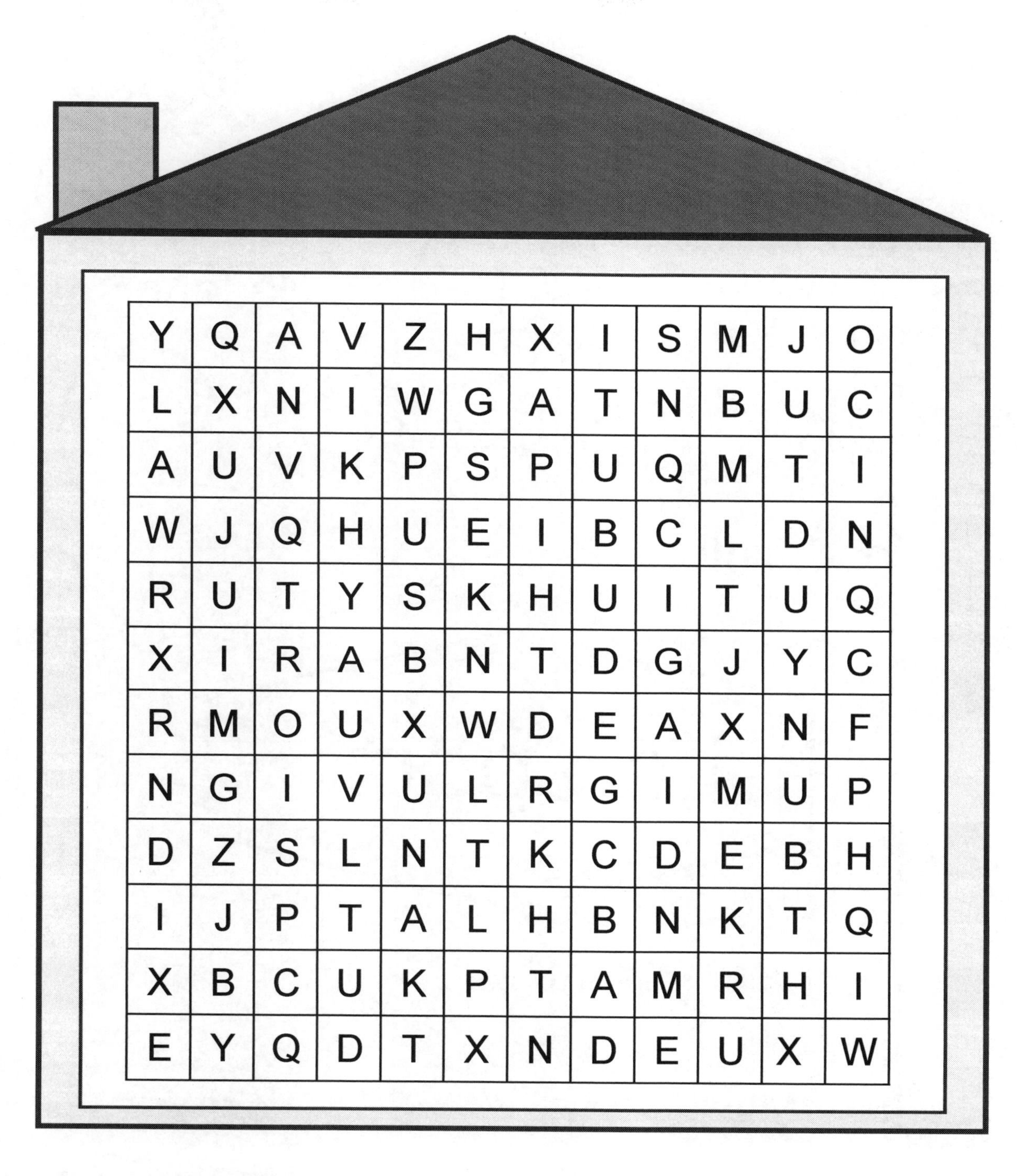

Y	Q	A	V	Z	H	X	I	S	M	J	O
L	X	N	I	W	G	A	T	N	B	U	C
A	U	V	K	P	S	P	U	Q	M	T	I
W	J	Q	H	U	E	I	B	C	L	D	N
R	U	T	Y	S	K	H	U	I	T	U	Q
X	I	R	A	B	N	T	D	G	J	Y	C
R	M	O	U	X	W	D	E	A	X	N	F
N	G	I	V	U	L	R	G	I	M	U	P
D	Z	S	L	N	T	K	C	D	E	B	H
I	J	P	T	A	L	H	B	N	K	T	Q
X	B	C	U	K	P	T	A	M	R	H	I
E	Y	Q	D	T	X	N	D	E	U	X	W

Trouver ces mots: (Look for these words:)

UN
DEUX
TROIS
QUATRE
CINQ
SIX
SEPT
HUIT
NEUF
DIX

le football
le tennis
le basket
le badminton
le ping-pong
Le sport
le rugby
le mini-golf
la natation

Le sport

Copier les mots et faire un dessin. (Copy the words and do a picture.)

le football

le football

le tennis

le ping-pong

le mini-golf

le basket

la natation

J'aime le sport! (I like sport!)

J'aime - I like J'aime le football - I like football

Suivre les lignes. Quel sport aiment les enfants?
(Follow the lines. What do sport do the children like?)

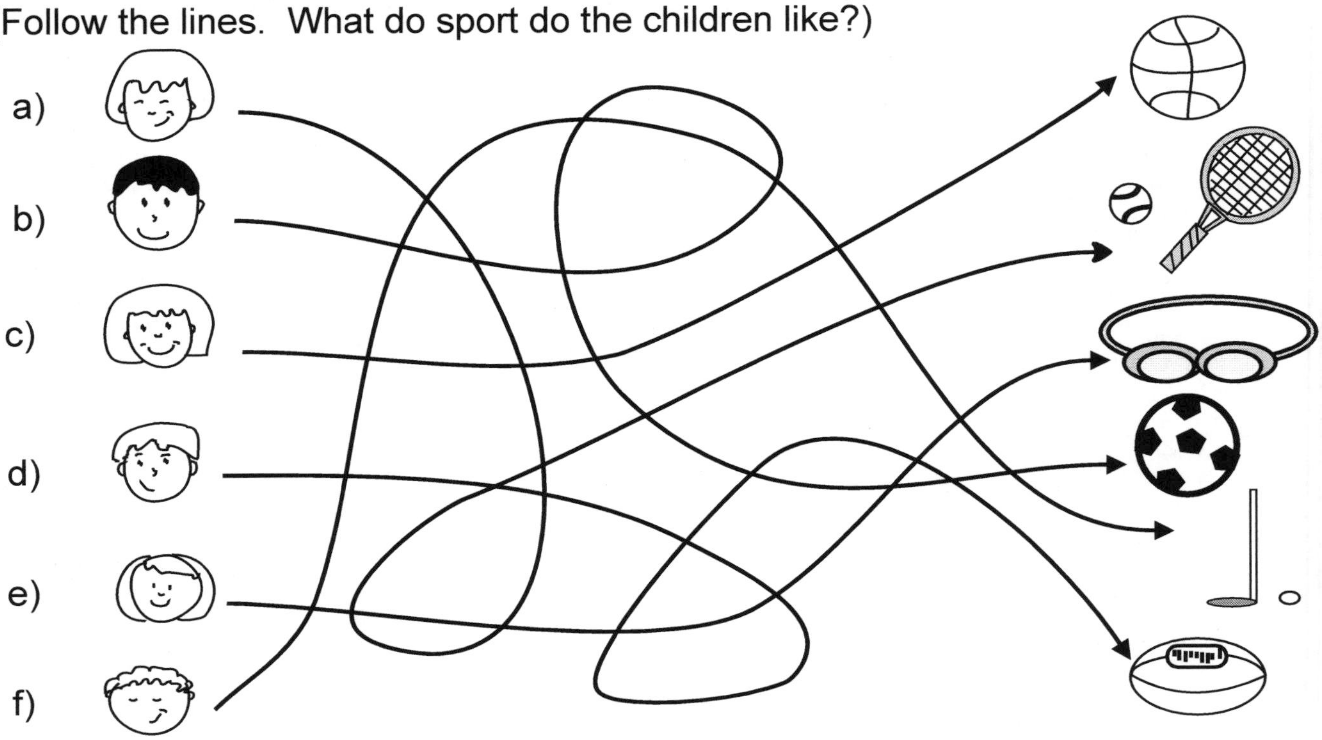

a)

b)

c)

d)

e)

f)

J'aime le tennis.

a) ______________________________ .

b) ______________________________ .

c) ______________________________ .

d) ______________________________ .

e) ______________________________ .

f) ______________________________ .

le basket le tennis la natation le football le mini-golf le rugby

Qui aime le sport? (Who likes sport?)

Je m'appelle (My name is)	J'aime (I like)	Je n'aime pas (I don't like)

Je m'appelle Paul.
J'aime le football.

Je m'appelle Marie.
J'aime le basket.

Je m'appelle Sophie.
Je n'aime pas le rugby.

Je m'appelle Luc.
Je n'aime pas le badminton.

Je m'appelle Anne.
J'aime la natation.

a) Who likes football? *Paul*

b) Who doesn't like badminton? ______________________

c) Does Sophie like rugby? ______________________

d) Does Anne like swimming? ______________________

e) Who likes basket ball? ______________________

le football = football le basket = basket ball le rugby = rugby
la natation = swimming le badminton = badminton

Tu aimes le sport? (Do you like sport?)

J'aime (I like)

Je n'aime pas (I don't like)

a) Tu aimes le football? (Do you like football?)

________________________________ .

b) Tu aimes le tennis? (Do you like tennis?)

________________________________ .

c) Tu aimes le mini-golf? (Do you like mini golf?)

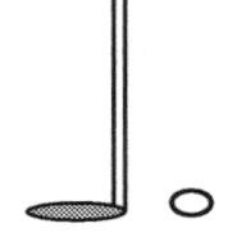

________________________________ .

d) Tu aimes le ping-pong? (Do you like table tennis?)

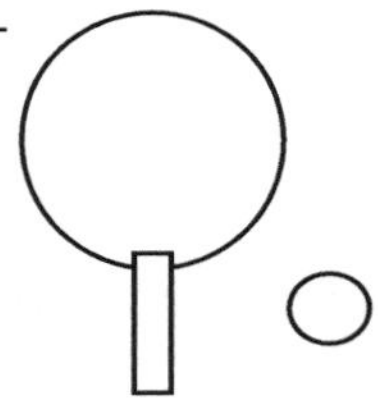

________________________________ .

e) Tu aimes la natation? (Do you like swimming?)

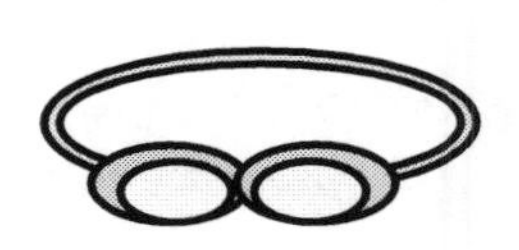

________________________________ .

f) Tu aimes le rugby? (Do you like rugby?)

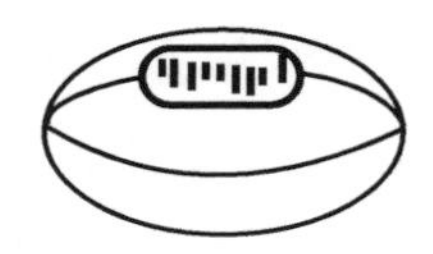

________________________________ .

Mots Cachés

(Word search)

Y A I W
P W Z A Y B N
M H Q V B K W A
O I K A G H Z S T L
K N I U P U I X A P
J P I R Z H N P T T I V
M W G H P N U R Y I N G
H Q O Y E H O Q V O G A
V Y L T L P K I Z N P Y
Z W F X S W G X Q S O X
B A D M I N T O N Y N L
G X W J ’ A I M E G
R L L A B T O O F H
G H Z L Y G A R
B A S K E T
L W A I

Trouver ces mots:
(Find these words:)

FOOTBALL
BADMINTON
BASKET
TENNIS
SPORT
PING PONG
NATATION
RUGBY
MINI-GOLF
J’AIME

jaune
vert
Les couleurs
marron
rose
blanc
noir
violet
gris
orange
rouge
bleu

C'est de quelle couleur? (What coulour is it?)

Entourer les bons mots. (Circle the correct words.)

Colorier les dessins. (Colour the pictures.)

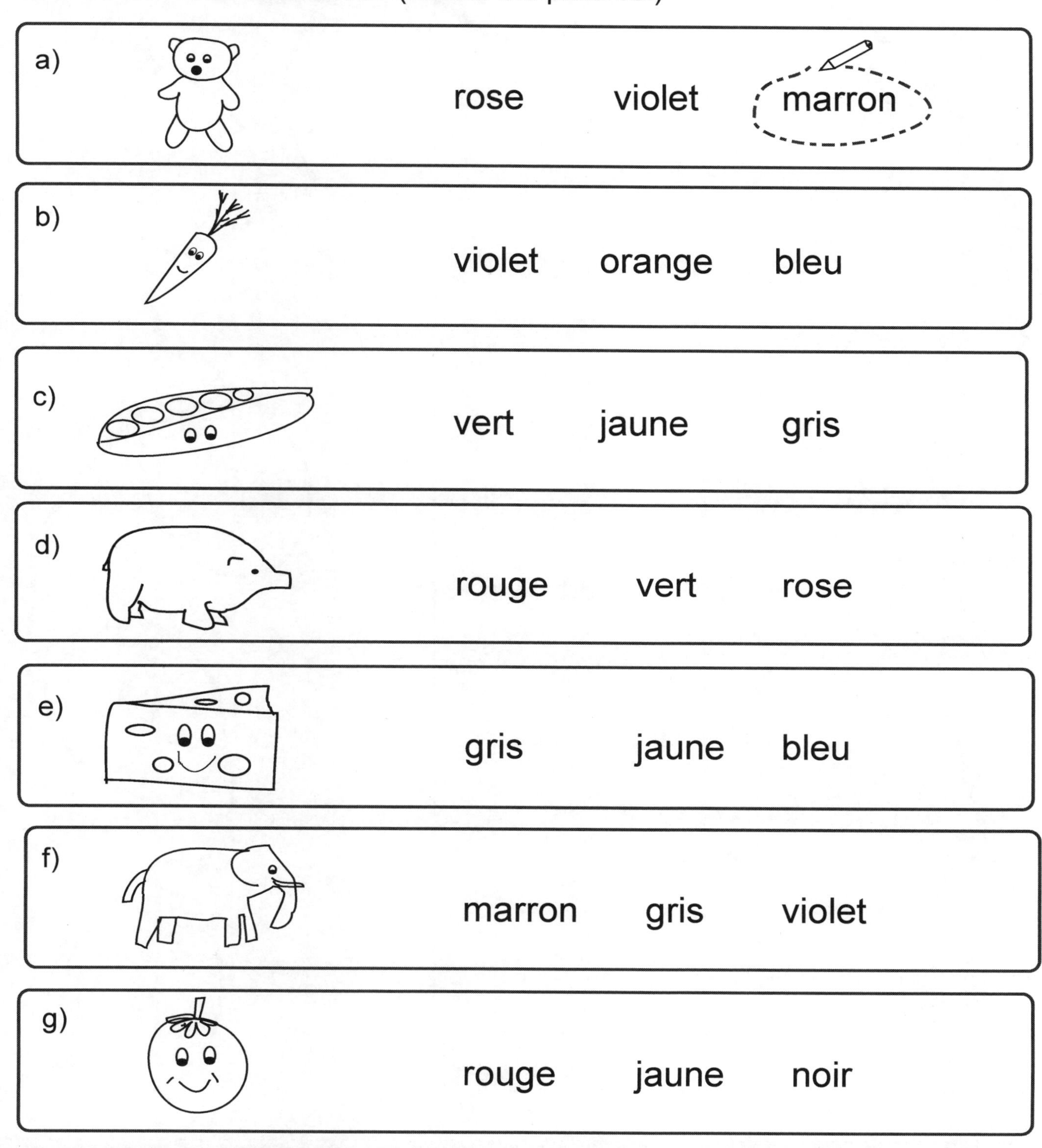

rouge - red **orange - orange** **jaune - yellow** **vert - green** **bleu - blue**

violet - lilac **rose - pink** **marron - brown** **gris - grey** **noir - black**

C'est de quelle couleur? (What colour is it?)

Colorier en utilisant les bonnes couleurs.
(Colour using the correct colours)

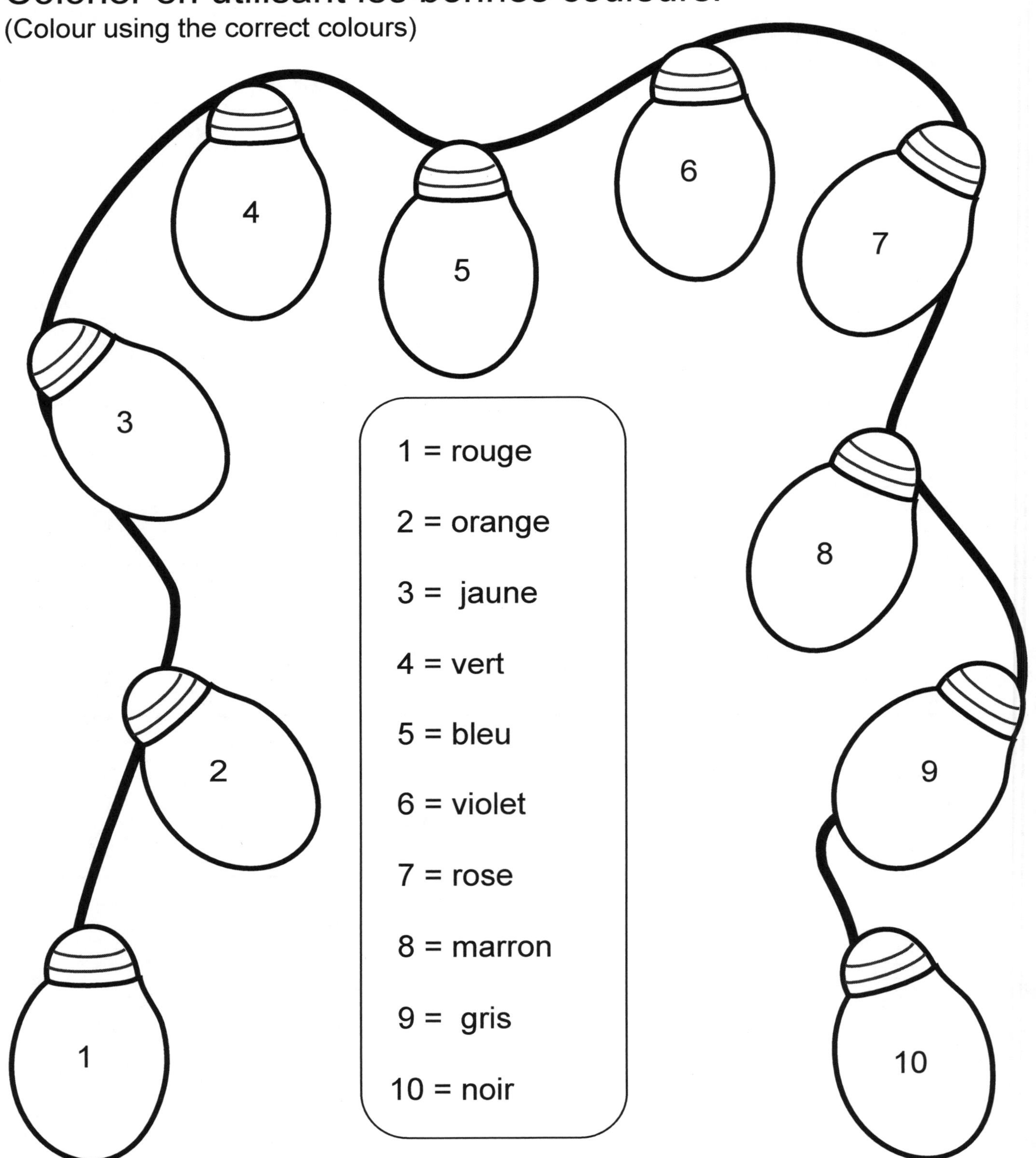

rouge - red	orange - orange	jaune - yellow	vert - green	bleu - blue
violet - lilac	rose - pink	marron - brown	gris - grey	noir - black

Tu aimes colorier? (Do you like to colour?)

Colorier en utilisant les bonnes couleurs:
(Colour in using the correct colours.)

rouge - red	jaune - yellow	vert - green	bleu - blue
violet - lilac	rose - pink	marron - brown	

Compter et colorier (Count and colour)

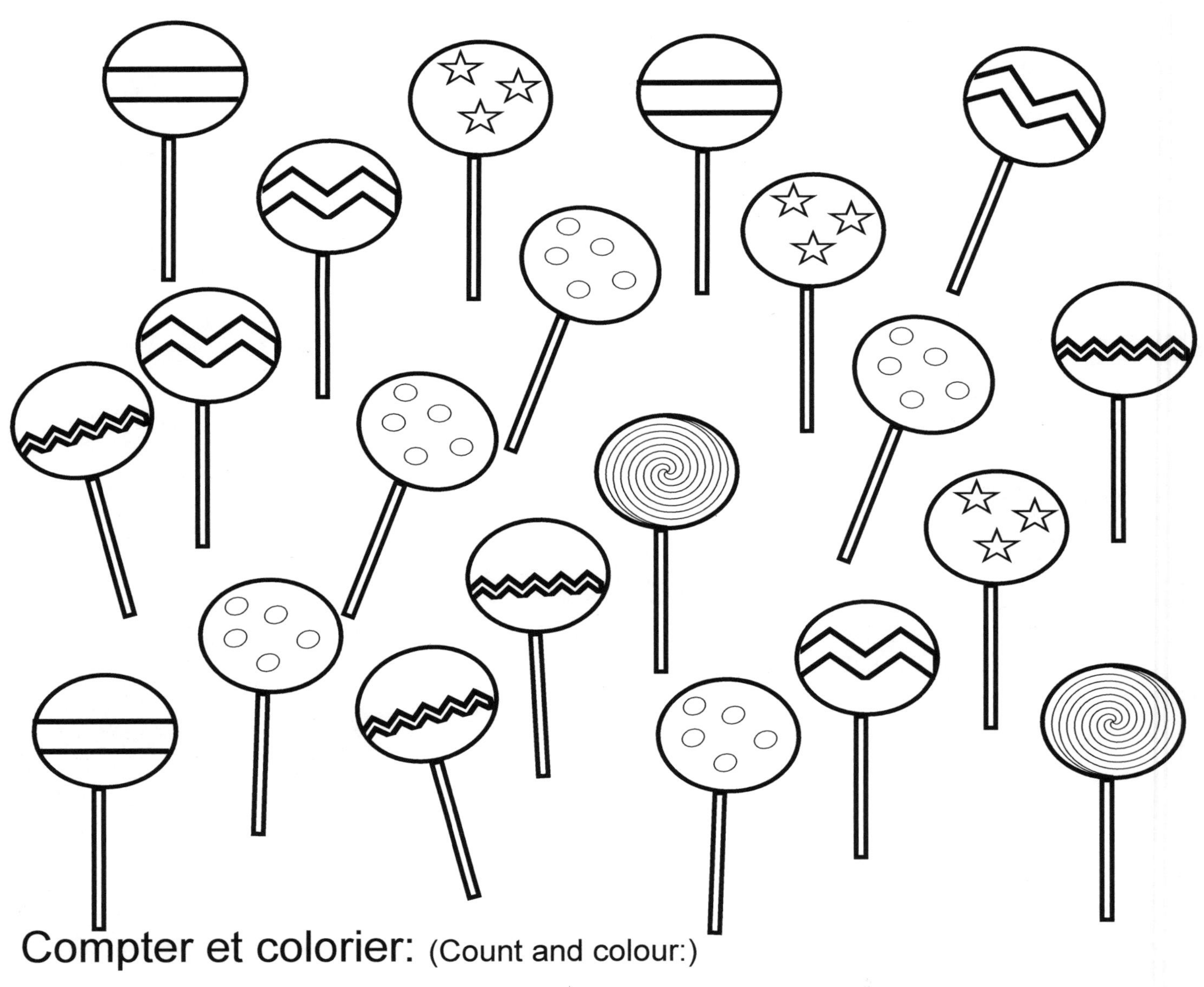

Compter et colorier: (Count and colour:)

trois en jaune
(3 in yellow)

quatre en bleu

quatre en rouge
(4 in red)

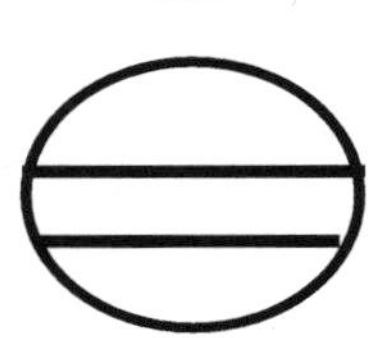

trois en rose

deux en noir

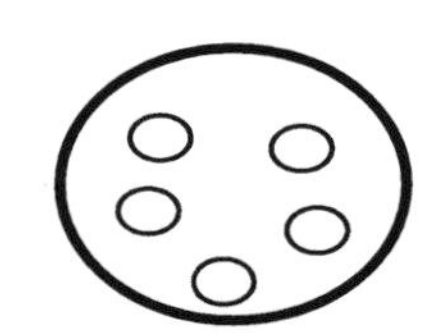

cinq en violet

jaune - yellow	rouge - red	noir - black	bleu - blue	rose - pink	violet - lilac

Tu aimes toutes les couleurs?

(Do you like all the colours?)

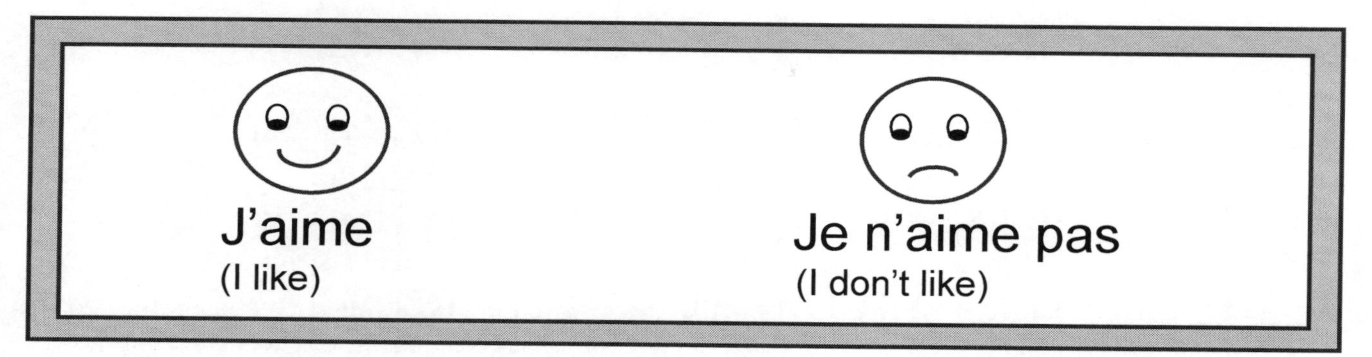

Repondre aux questions. (Answer the questions.)

1) Tu aimes le rouge? (Do you like red?)

J'aime le rouge / Je n'aime pas le rouge

____.

2) Tu aimes le vert? (Do you like green?)

____.

3) Tu aimes le marron?

____.

4) Tu aimes le rose?

____.

5) Tu aimes le jaune?

____.

rouge - red	vert - green	marron - brown	rose - pink	jaune - yellow

Mots Cachés (Word search)

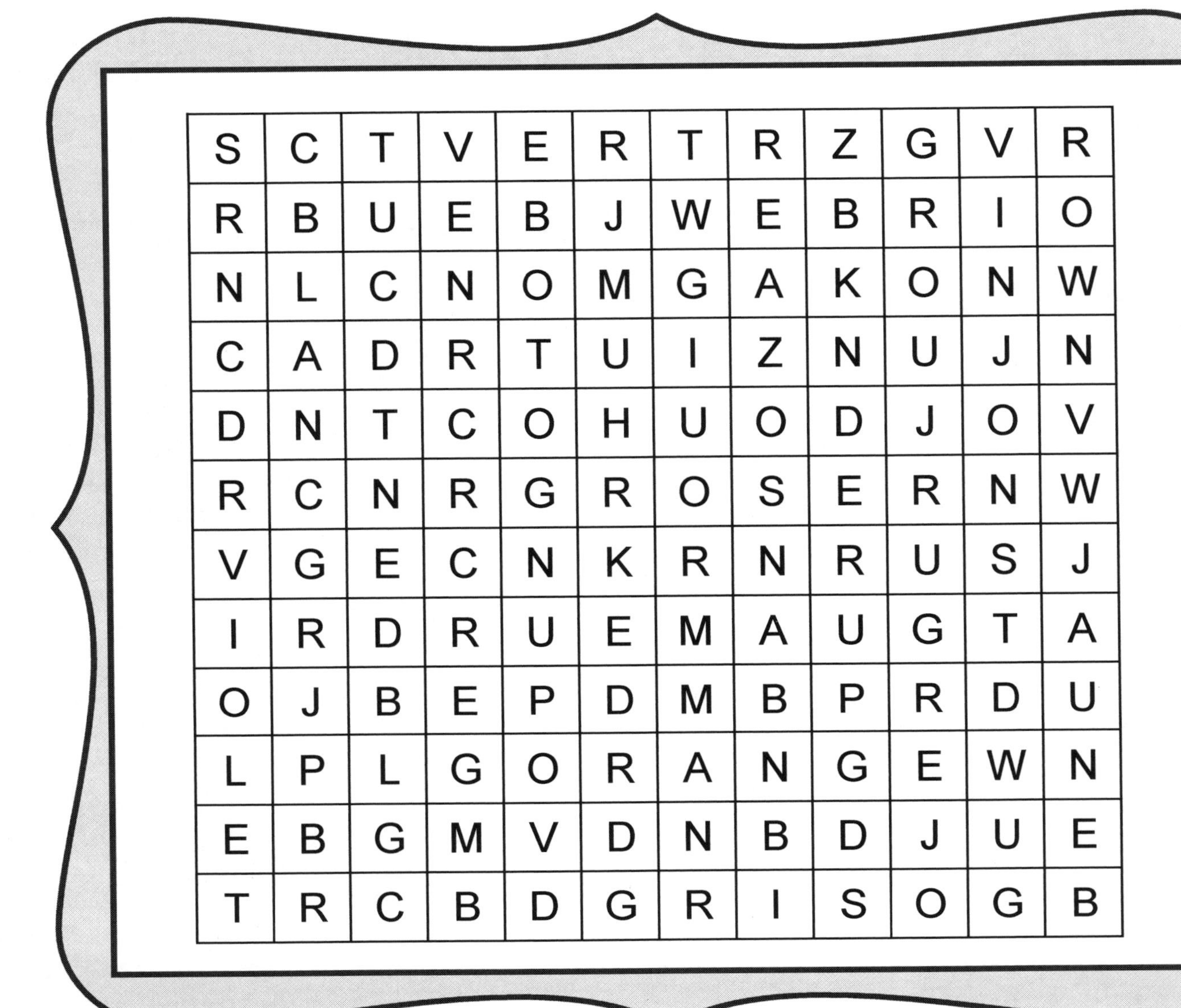

S	C	T	V	E	R	T	R	Z	G	V	R
R	B	U	E	B	J	W	E	B	R	I	O
N	L	C	N	O	M	G	A	K	O	N	W
C	A	D	R	T	U	I	Z	N	U	J	N
D	N	T	C	O	H	U	O	D	J	O	V
R	C	N	R	G	R	O	S	E	R	N	W
V	G	E	C	N	K	R	N	R	U	S	J
I	R	D	R	U	E	M	A	U	G	T	A
O	J	B	E	P	D	M	B	P	R	D	U
L	P	L	G	O	R	A	N	G	E	W	N
E	B	G	M	V	D	N	B	D	J	U	E
T	R	C	B	D	G	R	I	S	O	G	B

Trouver ces mots: (Look for these words:)

BLEU
BLANC
ROUGE
NOIR
JAUNE
VERT
ROSE
VIOLET
GRIS
ORANGE
MARRON

un poisson
un chien
un cheval
Les animaux
un oiseau
un chat
un lapin
une souris
une tortue
un serpent

Les animaux (animals)

C'est quel animal? Écrire les mots en français.

(What animal is it? Write the words in French.)

un chat - a cat	un oiseau - a bird	un serpent - a snake
un chien - a dog	un poisson - a fish	une souris - a mouse
un lapin - a rabbit	un cheval - a horse	une tortue - a tortoise

a) 

b) 

 *un chat*

c) 

d) 

e) 

g) 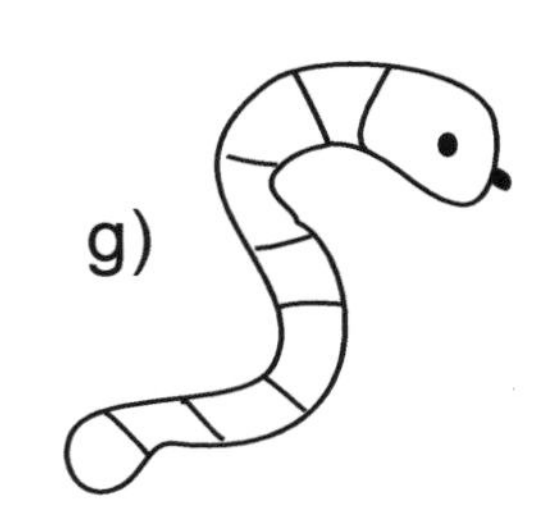

f) 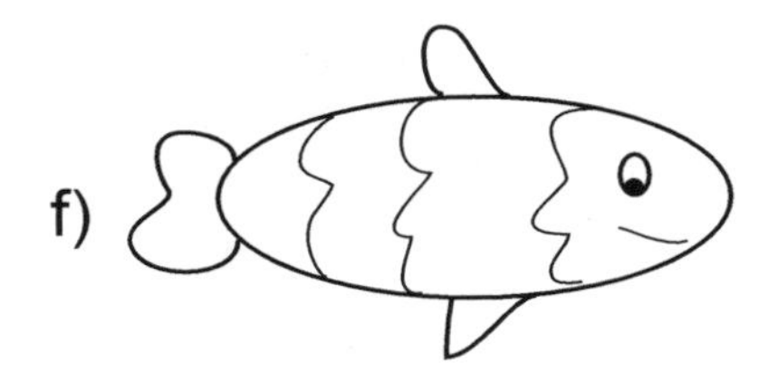

h) 

Combien y en a-t-il? (How many are there?)

Compter les animaux. Combien y en a-t-il?
(Count the animals. How many are there?)

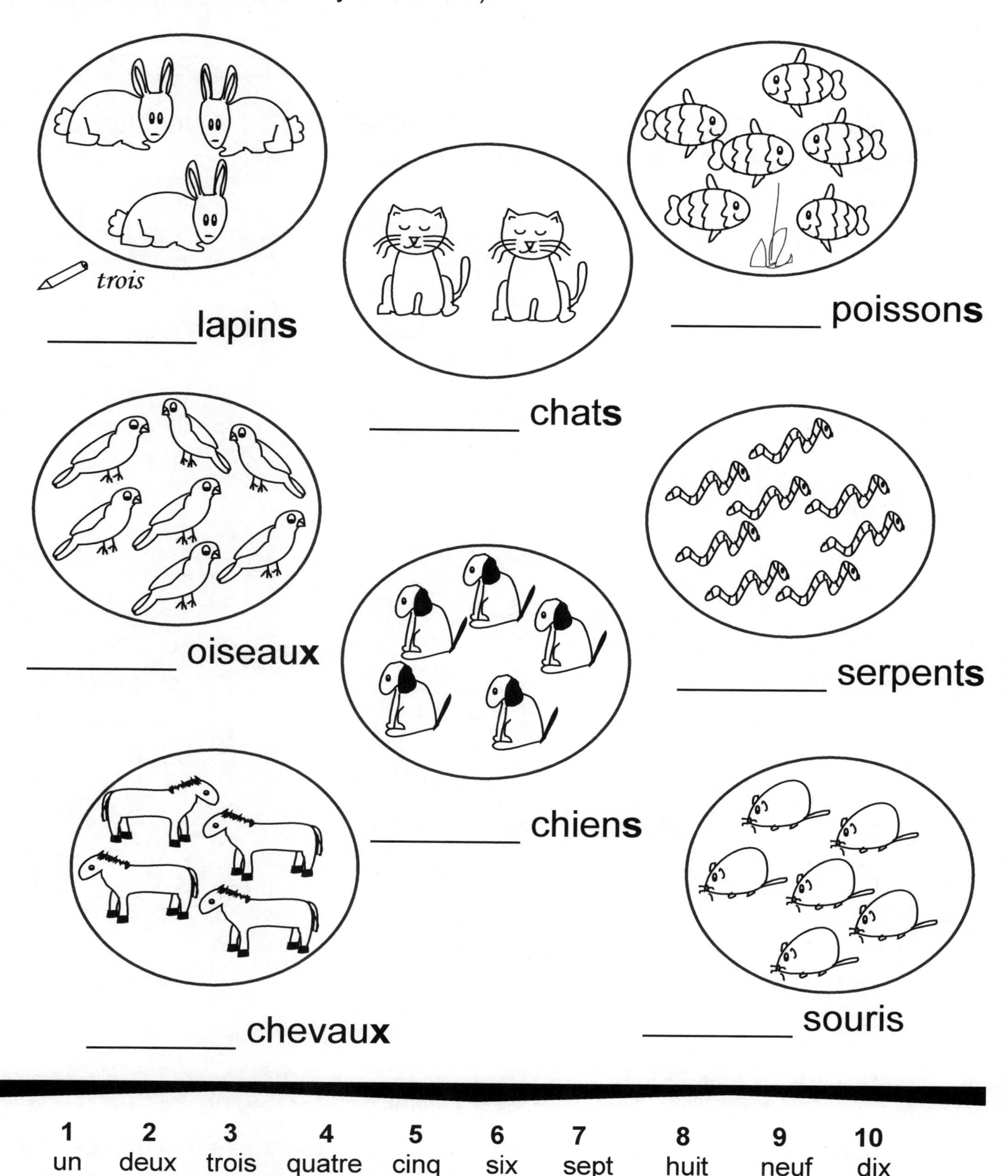

1	2	3	4	5	6	7	8	9	10
un	deux	trois	quatre	cinq	six	sept	huit	neuf	dix

Mon animal préféré (My favourite animal)

Je préfère - I prefer	Je préfère les chats - I prefer cats

Regarder les images. Quel est l'animal préféré de l'enfant?
(Look at the pictures. What animal do the children prefer?)

a)

______________________ .

b)

______________________ .

c)

______________________ .

d)

______________________ .

e)

______________________ .

f)

______________________ .

les chats = cats	les serpents = snakes	les chiens = dogs
les lapins = rabbits	les poissons = fish	les chevaux = horses

Tu aimes les animaux? (Do you like animals?)

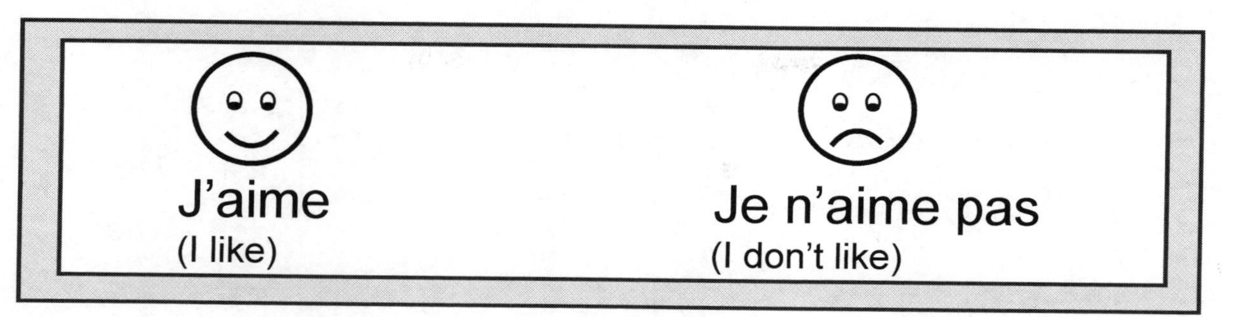

Repondre aux questions. (Answer the questions.)

1) Tu aimes les chats? (Do you like cats?)

J'aime les chats / *Je n'aime pas les chats*

____.

2) Tu aimes les chiens? (Do you like dogs?)

____.

3) Tu aimes les poissons?

____.

4) Tu aimes les lapins?

____.

5) Tu aimes les serpents?

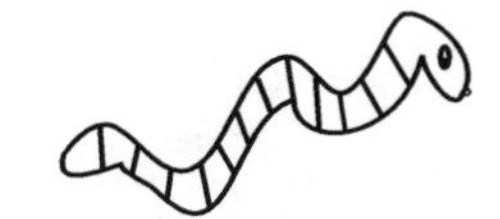

____.

6) Tu aimes les chevaux?

____.

les chats = cats	les chiens = dogs	les poissons = fish
les lapins = rabbits	les serpents = snakes	les chevaux = horses

C'est de quelle couleur? (What colour is it?)

Lire les phrases et colorier les dessins.
(Read the sentences and colour the pictures.)

C'est - It's
noir - black
bleu - blue
marron - brown
orange - orange
gris - grey
vert - green

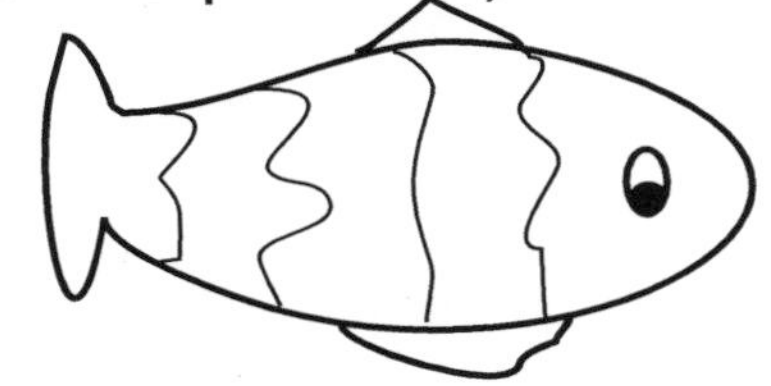

C'est un poisson orange.

C'est un chat noir.
(It's a black cat.)

C'est un cheval marron.

C'est un oiseau bleu.

C'est un lapin gris.

C'est un serpent vert.

C'est un chien marron.

Notice that in French the colour goes after the noun.
For example, un lapin gris = a grey rabbit.

C'est grand ou c'est petit? (Is it big or small?)

C'est grand - It's big   C'est petit - It's small

Regarder les dessins. C'est grand ou c'est petit?
(Look at the pictures. Is it big or small?)

a)

C'est grand.

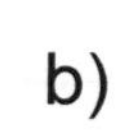

b)

c)

d)

e)

f)

g)

h)

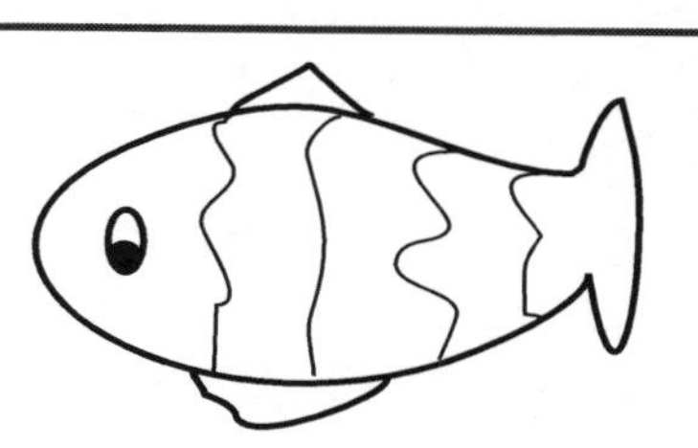

Les animaux

(Animals)

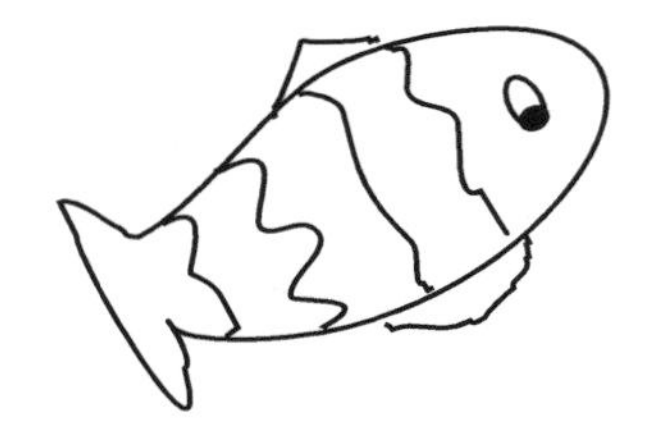

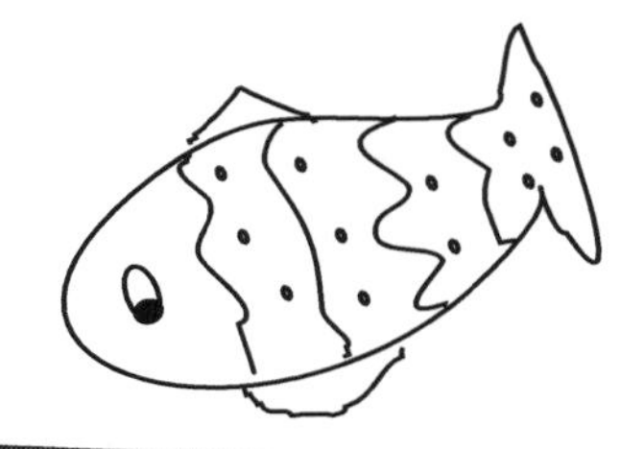

T I Z Y M N R G S A W E
O K U V E P O I S S O N
R P W I K H D J B M H Z
T A H L S O U R I S R N
U C L U M J N E V O I G
E H C H E V A L B P K T
U P M J O R G S A E A D
B N R G V M R L B H W I
S E R P E N T Y C Y Z A
C B S G L A M I N A
D C T E L R O J
O I S E A U

Trouver ces mots: (Find these words:)

CHAT	OISEAU	SERPENT	ANIMAL
CHIEN	CHEVAL	TORTUE	
LAPIN	POISSON	SOURIS	

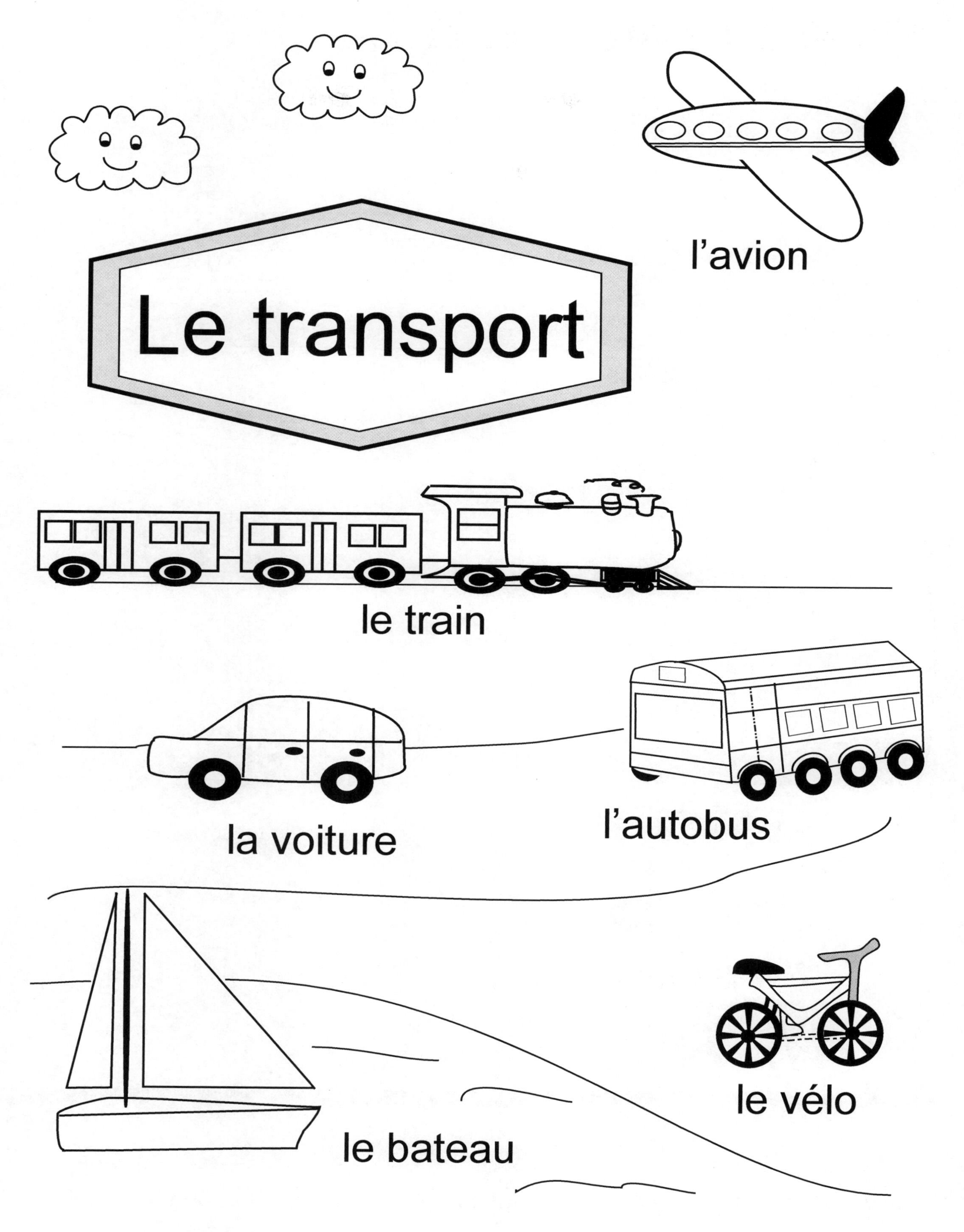
Le transport
l'avion
le train
la voiture
l'autobus
le bateau
le vélo

Qu'est-ce que c'est? (What is it?)

Écrire les mots en français: (Write the words in French:)

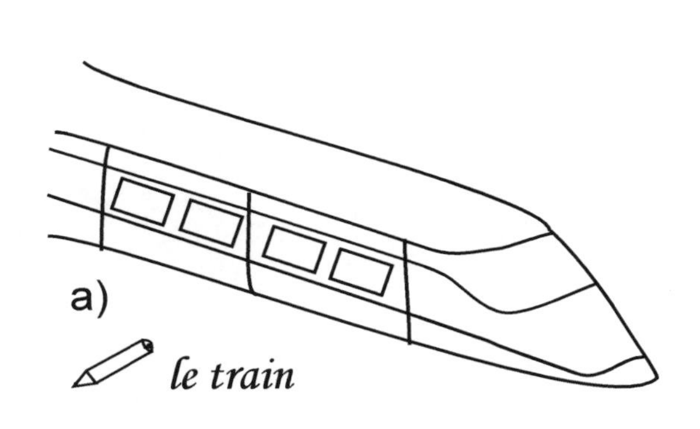

a)

le train

b)

c)

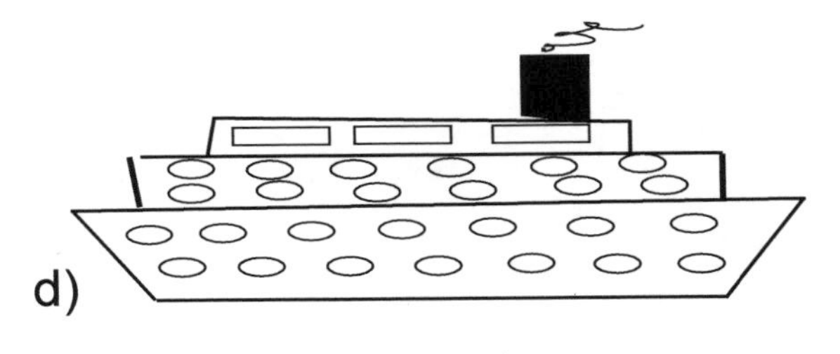

d)

e)

f)

la voiture

le bateau

l'autobus

le train

l'avion

le vélo

Les voyages (Travel)

Je prends le bateau. = I'm travelling by boat.

Regarde les dessins et écris les phrases.

(Look at the pictures and write the sentences.)

Je prends le bateau.

a) ______________________________ .

b) ______________________________ .

c) ______________________________ .

d) ______________________________ .

e) ______________________________ .

f) ______________________________ .

la voiture

le bateau

l'autobus

le train

l'avion

le vélo

C'est quel numéro? (What number is it?)

J'aime prendre…
(I like to take / travel by….)

Je n'aime pas prendre…
(I don't like to take / travel by…)

Regarder les images. (Look at the pictures.)
Lire les phrases. (Read the setences)
C'est quel numéro? (What number is it?)

a) J'aime prendre le train. *Picture 3* ________________

b) J'aime prendre l'avion. ________________

c) Je n'aime pas prendre le vélo. ________________

d) Je n'aime pas prendre le bateau. ________________

e) J'aime prendre la voiture. ________________

f) J'aime prendre l'autobus. ________________

g) Je n'aime pas prendre la voiture. ________________

la voiture

le bateau

l'autobus

le train

l'avion

le vélo

Qui aime voyager? (Who likes to travel?)

Lire la lettre et répondre aux questions.
(Read the letter and reply to the questions.)

Salut!

Comment ça va?

J'aime prendre le train!

Luc aime prendre l'avion.

Paul aime prendre la voiture.

Anne Marie aime prendre le bateau.

Caroline aime prendre le vélo.

Marc aime prendre l'autobus.

Salut!

Sophie

1) At the beginning of the letter, does Sophie ask you how you are, or does she ask you your name? *She asks how you are.*

2) How does Anne Marie like to travel? ______________________

3) Who likes to travel by plane? ______________________

4) Who likes to travel by car? ______________________

5) How does Marc like to travel? ______________________

6) How does Caroline like to travel? ______________________

la voiture

le bateau

l'autobus

le train

l'avion

le vélo

Mots Cachés (Word search)

R	B	T	A	D	B	A	T	E	A	U	L	A	M	W	V
C	S	D	V	R	W	J	C	P	D	N	W	D	J	Y	É
N	Z	U	I	N	H	S	É	A	W	G	K	P	D	Z	L
E	H	K	O	R	G	V	O	I	T	U	R	E	G	H	O
G	M	O	N	D	N	S	R	E	M	I	A	'	J	N	A
J	É	Z	I	A	U	T	O	B	U	S	K	H	W	N	V
P	I	Z	V	S	O	U	E	Z	H	K	F	É	L	I	Y
H	W	J	K	P	D	A	S	J	D	P	L	C	Z	A	W
K	M	C	G	É	J	E	P	R	E	N	D	S	M	R	U
P	V	A	T	R	A	N	S	P	O	R	T	D	U	T	V

Trouver ces mots: (Find these words.)

TRAIN	BATEAU	TRANSPORT
AVION	VOITURE	JE PRENDS
VÉLO	AUTOBUS	J'AIME

French		English	
	âge		age
	anglais		English
les	animaux		animals
	Au revoir		Good bye
l'	autobus	the	bus
l'	avion	the	aeroplane
le	basket		basket ball
le	bateau	the	boat
	blanc		white
	bleu		blue
	Bonjour		Good day
	Bonsoir		Good evening
	Ça va bien		I'm good
	Ça va mal		I'm not good
	C'est		It's
un	chat	a	cat
	chats		cats
un	cheval	a	horse
	chevaux		horses
un	chien	a	dog
	chiens		dogs
	cinq		five
	colorier		to colour
	Comme ci comme ça		I'm okay
	Comment ça va?		How are you?
	Comment t'appelles-tu?		What is your name?
les	couleurs		colours
les	dessins	the	pictures
	deux		two
	dix		ten
les	enfants	the	children
le	football		football
	français		French
	grand		big
	gris		grey
	huit		eight
	J'aime		I like
	jaune		yellow
	Je m'appelle…		My name is …
	Je n'aime pas		I don't like
	Je prends		I'm travelling by
un	lapin	a	rabbit

French		English	
	lapins		rabbits
	marron		brown
les	maths		maths
	merci		thank you
le	mini-golf		mini-golf
les	mots	the	words
la	natation		swimming
	neuf		nine
	noir		black
	non		no
les	numéros		numbers
un	oiseau	a	bird
	oiseaux		birds
	orange		orange
	oui		yes
	petit		small
le	ping-pong		table tennis
un	poisson	a	fish
	poissons		fish
	prendre		to take/travel by
	quatre		four
	rose		pink
	rouge		red
le	rugby		rugby
	Salut		Hi / Bye
	sept		seven
un	serpent	a	snake
	serpents		snakes
	s'il vous plaît		please
	six		six
une	souris	a	mouse
le	sport		sport
le	tennis		tennis
une	tortue	a	tortoise
le	train	the	train
	trois		three
	un		one
le	vélo	the	bike
	vert		green
	violet		lilac
la	voiture	the	car

Answers

Page 2

1) Je m’appelle (then write your own name.)

2a) Je m’appelle Anne. b) Je m’appelle Paul. c) Je m’appelle Pierre.
d) Je m’appelle Caroline. e) Je m’appelle Sophie. f) Je m’appelle Marc.

Page 3

a) Ça va bien b) Ça va mal c) Comme ci comme ça d) Ça va mal
e) Comme ci comme ça f) Ça va bien g) Comme ci comme ça h) Ça va bien

Page 4

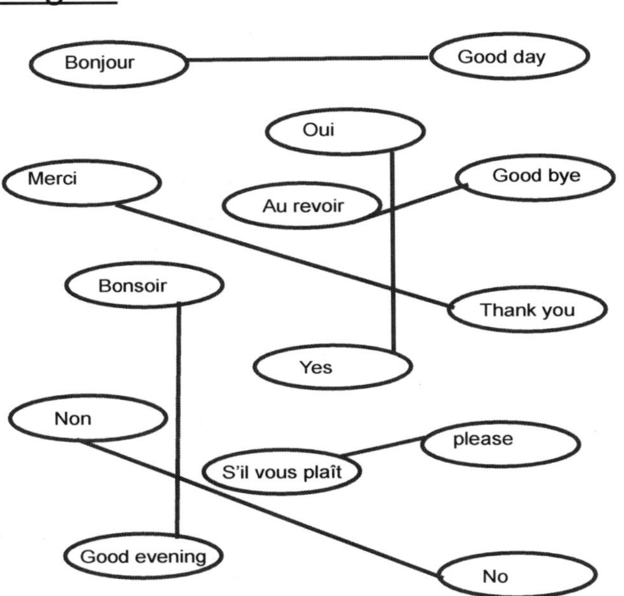

Page 5

Ç														B
A			J	E	M	‘	A	P	P	E	L	L	E	O
V		M			N	E	I	B	A	V	A	Ç		N
A		E	N			I								S
M		R	O		U			S	A	L	U	T		O
A		C	N	O		R	U	O	J	N	O	B		I
L		I												R
	C	O	M	M	E	C	I	C	O	M	M	E	Ç	A
S	‘	I	L	V	O	U	S	P	L	A	I	T		

Page 7

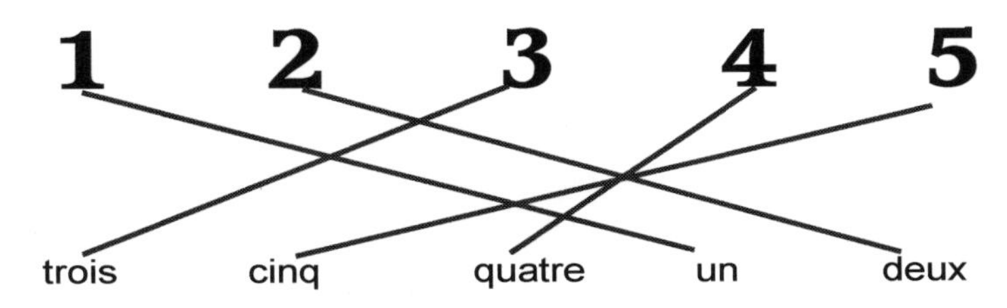

Page 8

1a) six b) dix c) sept d) huit e) neuf

2a) sept b) neuf c) six d) dix e) huit

Page 9

a) deux b) trois c) un d) cinq e) sept f) quatre g) neuf h) huit

Page 10

a) Cinq s'il vous plaît.
b) Quatre, s'il vous plaît.
c) Six, s'il vous plaît.
d) Sept, s'il vous plaît.
e) Dix, s'il vous plaît.
f) Trois, s'il vous plaît.
g) Huit, s'il vous plaît.

Page 11

a) J'ai dix ans.
b) J'ai neuf ans.
c) J'ai cinq ans.
d) J'ai sept ans.
e) J'ai huit ans.
f) J'ai six ans.

Page 12

a) cinq
b) deux
c) six
d) huit
e) dix
f) quatre
g) neuf
h) sept
i) six
j) un

Page 13

						X	I	S			
		N					T				C
	U					P					I
					E						N
		T		S		H	U	I	T		Q
		R									
		O					E				F
		I				R				U	
D		S			T				E		
I				A				N			
X			U								
		Q					D	E	U	X	

Page 16

a) J'aime le tennis.
b) J'aime le football.
c) J'aime le basket.
d) J'aime le rugby.
e) J'aime la natation.
d) J'aime le mini-golf.

Page 17

a) Paul b) Luc c) No d) Yes e) Marie

Page 18

If you like the sport write:
a) J'aime le football.
b) J'aime le tennis.
c) J'aime le mini-golf.
d) J'aime le ping-pong.
e) J'aime la natation.
f) J'aime le rugby.

If you don't like the sport write:
Je n'aime pas le football.
Je n'aime pas le tennis.
Je n'aime pas le mini-golf.
Je n'aime pas le ping-pong.
Je n'aime pas la natation.
Je n'aime pas le rugby.

Page 19

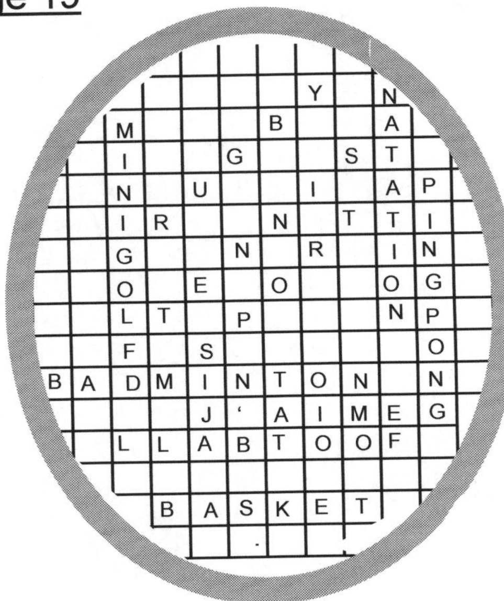

Page 21

The following words should be circled:

a) marron (brown)
b) orange (orange)
c) vert (green)
d) rose (pink)
e) jaune (yellow)
f) gris (grey)
g) rouge (red)

Page 22

The light bulbs should be coloured as follows:

1 = red 2 = orange 3 = yellow 4 = green 5 = blue
6 = lilac 7 = pink 8 = brown 9 = grey 10 = black

Page 23

The kites should be coloured as follows:

 yellow

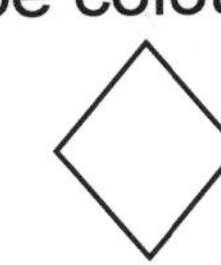 blue

pink

 lilac

 Green

 red

 brown

Page 24

The lollipops should be coloured as follows:

 3 in yellow

 4 in blue

 4 in red

 3 in pink

 2 in black

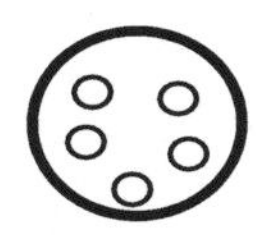 5 in lilac

Page 25

If you like the colour write:

1) J'aime le rouge.
2) J'aime le vert.
3) J'aime le marron.
4) J'aime le rose.
5) J'aime le jaune.

If you don't like the colour write:

Je n'aime pas le rouge.
Je n'aime pas le vert.
Je n'aime pas le marron.
Je n'aime pas le rose.
Je n'aime pas le jaune.

Page 26

			V	E	R	T					R
	B						E			I	
	L					G			O		
	A				U			N			N
	N			O						O	
	C		R		R	O	S	E	R		
V								R			J
I				U			A				A
O			E			M					U
L		L		O	R	A	N	G	E		N
E	B										E
T					G	R	I	S			

Page 28

a) un chat
b) un cheval
c) un lapin
d) un chien
e) un oiseau
f) un poisson
g) un serpent
h) une souris

Page 29

trois lapins
cinq chiens
deux chats
huit serpents
six poissons
quatre chevaux
sept oiseaux
cinq souris

Page 30

a) Je préfère les lapins.
b) Je préfère les chiens.
c) Je préfère les poissons.
d) Je préfère les chats.
e) Je préfère les serpents.
f) Je préfère les chevaux.

Page 31

If you like the animal write:

1) J'aime les chats.
2) J'aime les chiens.
3) J'aime les poissons.
4) J'aime les lapins.
5) J'aime les serpents.
6) J'aime les chevaux.

If you don't like the animal write:

Je n'aime pas les chats.
Je n'aime pas les chiens.
Je n'aime pas les poissons.
Je n'aime pas les lapins.
Je n'aime pas les serpents.
Je n'aime pas les chevaux.

Page 32

The pictures should be coloured as follows:

a black cat
a grey rabbit
an orange fish
a green snake
a blue bird
a brown dog
brown horse

Page 33

a) C'est grand.
b) C'est petit.
c) C'est grand.
d) C'est grand.
e) C'est petit.
f) C'est petit.
g) C'est petit.
h) C'est grand.

Page 34

Page 36

a) le train   b) l'avion   c) la voiture   d) le bateau   e) l'autobus   f) le vélo

Page 37

a) Je prends le bateau.
b) Je prends l'autobus.
c) Je prends le vélo.
d) Je prends l'avion.
e) Je prends la voiture.
f) Je prends le train.

Page 38

a) 3   b) 1   c) 4   d) 2   e) 6   f) 5   g) 7

Page 39

1) She asks you how you are.
2) By boat.
3) Luc
4) Paul
5) By bus.
6) By bike.

Page 40

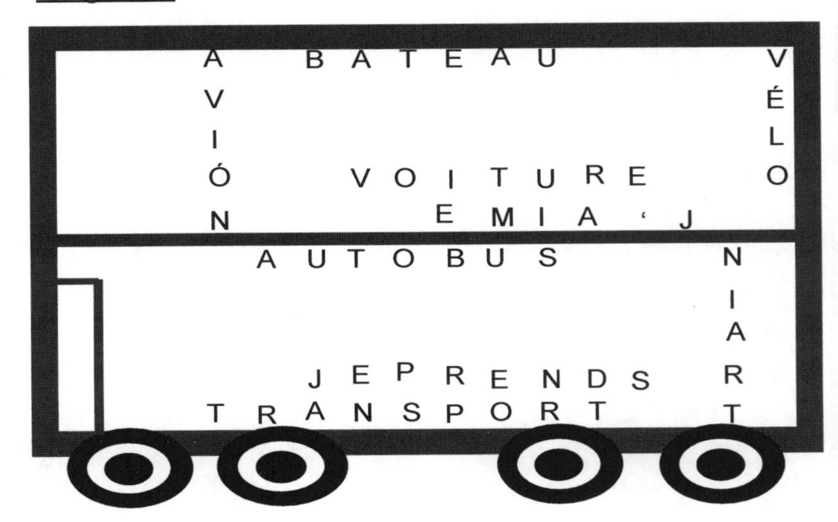

For children aged 7 - 11 there are the following books by Joanne Leyland:

Italian

Cool Kids Speak Italian (books 1, 2 & 3)
On Holiday In Italy Cool Kids Speak Italian
Photocopiable Games For Teaching Italian
Stories: Un Alieno Sulla Terra, La Scimmia Che Cambia Colore, Hai Un Animale Domestico?

French

Cool Kids Speak French (books 1 & 2)
Cool Kids Speak French - Special Christmas Edition
On Holiday In France Cool Kids Speak French
Photocopiable Games For Teaching French
Cool Kids Do Maths In French
Stories: Un Alien Sur La Terre, Le Singe Qui Change De Couleur, Tu As Un Animal?

Spanish

Cool Kids Speak Spanish (books 1, 2 & 3)
Cool Kids Speak Spanish - Special Christmas Edition
On Holiday In Spain Cool Kids Speak Spanish
Photocopiable Games For Teaching Spanish
Cool Kids Do Maths In Spanish
Stories: Un Extraterrestre En La Tierra, El Mono Que Cambia De Color, Seis Mascotas Maravillosas

German

Cool Kids Speak German books 1 & 2
Cool Kids Speak German book 3 (coming soon)

English as a foreign language

Cool Kids Speak English books 1 & 2

For children aged 5 - 7 there are the following books by Joanne Leyland:

French

Young Cool Kids Learn French
Sophie And The French Magician
Daniel And The French Robot (books 1, 2 & 3)
Daniel And The French Robot Teacher's Resource Book (coming soon)
Jack And The French Languasaurus (books 1, 2 & 3)

German

Young Cool Kids Learn German

Spanish

Young Cool Kids Learn Spanish
Sophie And The Spanish Magician
Daniel And The Spanish Robot (books 1, 2 & 3)
Daniel And The Spanish Robot Teacher's Resource Book (coming soon)
Jack And The Spanish Languasaurus (books 1, 2 & 3)

20410472R00028

Made in the USA
Lexington, KY
05 December 2018